Oh Bluh

Month

Year

	Sun	Mon	Tue	Wed	Thu	Fri	Sat
W1							
W2							
W3							
W4							
W5							

Birthdays

Events

Notes

Circle all that apply

and write a note below them

Cramps UHGG   Headache

Backache   Acne

Moody ..Bla Bla   Why???

How I feel today...

Peace Out

Month

Year

	Sun	Mon	Tue	Wed	Thu	Fri	Sat
W1							
W2							
W3							
W4							
W5							

Birthdays

Events

Notes

Circle all that apply

and write a note below them

Cramps UHGG   Headache

Backache   Acne

Moody ..Bla Bla   Why???

No Parents Allowed

Month		Year				
Sun	**Mon**	**Tue**	**Wed**	**Thu**	**Fri**	**Sat**
W1						
W2						
W3						
W4						
W5						

Birthdays

Notes

Circle all that apply

and write a note below them

Cramps UHGG   Headache

Backache   Acne

Moody ..Bla Bla   Why???

Doodle Time

crazy

little things

Month **Year**

	Sun	Mon	Tue	Wed	Thu	Fri	Sat
W1							
W2							
W3							
W4							
W5							

Birthdays

Notes

Circle all that apply

and write a note below them

Cramps UHGG   Headache

Backache   Acne

Moody ..Bla Bla   Why???

This Book is On Lock Down

	Sun	Mon	Tue	Wed	Thu	Fri	Sat
W1							
W2							
W3							
W4							
W5							

Birthdays

Notes

My Mood

Circle all that apply

and write a note below them

Cramps UHGG   Headache

Backache   Acne

Moody ..Bla Bla   Why???

Imagination Time

	Sun	Mon	Tue	Wed	Thu	Fri	Sat
W1							
W2							
W3							
W4							
W5							

Birthdays

Notes

My Mood

Circle all that apply

and write a note below them

Cramps UHGG   Headache

Backache   Acne

Moody ..Bla Bla   Why???

Future Plans

dreams

	Sun	Mon	Tue	Wed	Thu	Fri	Sat
W1							
W2							
W3							
W4							
W5							

Birthdays

Notes

My Mood

Circle all that apply

and write a note below them

Cramps UHGG   Headache

Backache   Acne

Moody ..Bla Bla   Why???

My Heart Feels Like This...

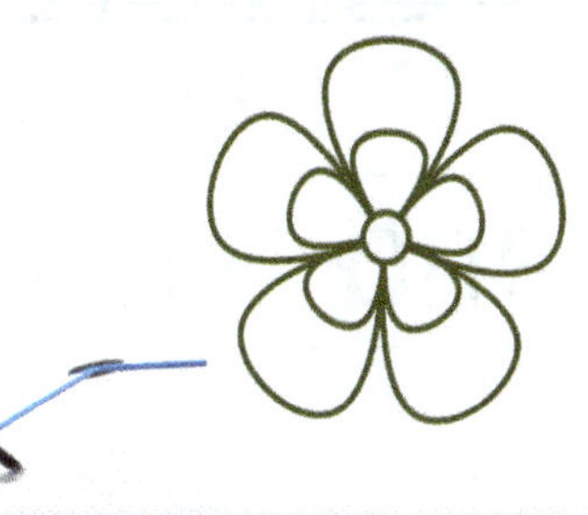

	Sun	Mon	Tue	Wed	Thu	Fri	Sat
W1							
W2							
W3							
W4							
W5							

Birthdays

Notes

My Mood

Circle all that apply

and write a note below them

Cramps UHGG   Headache

Backache   Acne

Moody ..Bla Bla   Why???

Round and Round We Go

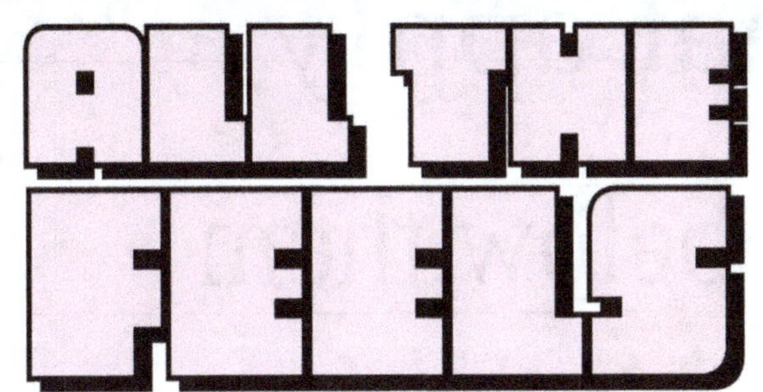

	Sun	Mon	Tue	Wed	Thu	Fri	Sat
W1							
W2							
W3							
W4							
W5							

Birthdays

Notes

My Mood

Circle all that apply

and write a note below them

Cramps UHGG   Headache

Backache   Acne

Moody ..Bla Bla   Why???

My Mind is in a Whirl

	Sun	Mon	Tue	Wed	Thu		Sat
W1							
W2							
W3							
W4							
W5							

Birthdays

Notes

My Mood

Circle all that apply

and write a note below them

Cramps UHGG   Headache

Backache   Acne

Moody ..Bla Bla   Why???

Feeling Good

	Sun	Mon	Tue	Wed	Thu	Fri	Sat
W1							
W2							
W3							
W4							
W5							

Birthdays

Notes

My Mood

Circle all that apply

and write a note below them

Cramps UHGG   Headache

Backache   Acne

Moody ..Bla Bla   Why???

I Just Want....

Rise and Shine

	Sun	Mon	Tue	Wed	Thu	Fri	Sat
W1							
W2							
W3							
W4							
W5							

Birthdays

Notes

My Mood

Circle all that apply

and write a note below them

Cramps UHGG   Headache

Backache   Acne

Moody ..Bla Bla   Why???

Eye Rolling Gum Popping Kinda Day..

	Sun	Mon	Tue	Wed	Thu	Fri	Sat
W1							
W2							
W3							
W4							
W5							

Birthdays

Notes

My Mood

Circle all that apply

and write a note below them

Cramps UHGG   Headache

Backache   Acne

Moody ..Bla Bla   Why???

Lip Gloss Weekend

	Sun	Mon	Tue	Wed	Thu	Fri	Sat
W1							
W2							
W3							
W4							
W5							

Birthdays

Notes

My Mood

Circle all that apply

and write a note below them

Cramps UHGG   Headache

Backache   Acne

Moody ..Bla Bla   Why???

Best Friend Said What??

HELLO
Gorgeous

	Sun	Mon	Tue	Wed	Thu	Fri	Sat
W1							
W2							
W3							
W4							
W5							

Birthdays

Notes

My Mood

Circle all that apply

and write a note below them

Cramps UHGG   Headache

Backache   Acne

Moody ..Bla Bla   Why???

I Love Myself